빛깔있는 책들 ●●●
72

수석

글 • 사진 | 장준근

대원사

저자 소개

장준근

여러 해 동안 국어 교사를 지냈다. 1973년 자연생활 교양지 《분재 수석》을 창간하고, 1983년 월간 《자연미생활》을 창간 발행하였다. 수필집 『휴식의 고향』이 있다.

차 례

사진으로 보는 수석

충청북도 단양산인 이 돌은 자연의 경관이 들어 있는 산수경석이다. 모든 자연 경관이 산수 경치가 주축이듯이 이 수석에서도 역시 산수경석을 매우 소중히 여기고 있다. (오른쪽)
이 돌의 중심 부분을 자세히 들여다보면 깊은 골짜기와 단애, 유연히 뻗어내린 산맥의 능선 같은 자연 경치를 감상할 수 있다. (왼쪽)

산형석이 추구하는 웅대하고 수려한 산의 실제 모습이다. 경기도 청평 근처의 자연 경관으로, 골짜기와 능선이 아름답다. 이러한 자연의 멋이 수석에서는 주름 굴곡으로 나타난다. (위)
충청북도 충주산인 이 돌 안에는 수려한 산의 경관이 웅축되어 상징적으로 나타나 있다. 이런 돌을 '산형석'이라고 한다. (아래)

충청북도 충주산인 이 돌은 단순하게 생긴 단봉 산형이지만 주름 굴곡이 이채로워 뛰어난 수석으로 평가한다.

충청북도 옥천산인 이 돌은 수반에 올려놓고 오랜 세월 물을 부어 주는 가운데 저절로
양석되어 고태미를 나타내고 있다.

충청북도 충주산인 이 돌은 고태미가 돋보이는 물형석이다. 이런 돌은 자주 닦아 주고 쓰다듬어 주는 것이 좋다.

경상북도 점촌산인 이 돌은 길이가 30센티미터로, 변화무쌍한 조화가 눈길을 끈다. (왼쪽)
같은 돌이라도 멀리서 바라보면 웅대한 산의 경치를 상상할 수 있으며, 이것이 바로 산형석
을 제대로 감상하는 방법이다. (오른쪽)

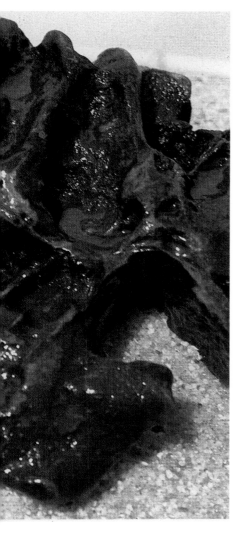

동해 바다 속에서 주운 이 돌은 질감이나 색감은 크게 떨어진다. 그러나 이러한 형태가 돌 한 개에 들어 있다는 것이 놀랍다. 이런 경우에는 형태 하나만으로도 높이 평가한다.

충청북도 단양산인 이 돌은 형태는 볼품없지만 굴곡 변화가 훌륭하며 풍부한 추상성
을 품고 있다.

울긋불긋 단풍이 든 우리나라의 가을 산 경치다. 이러한 경치를 실제로 감상하려면 가을에 산에 가야 하지만 수석으로는 한 해 내내 집 안에서 감상할 수 있다. (왼쪽)
갈색 기운을 띤 이 산형석은 단풍으로 덮인 가을 산을 표현하고 있다. 경상남도 좌광산으로, 골짜기가 자연스럽게 이루어졌다. (오른쪽)

지리산 칠성계곡에 비가 오면 많은 물이 힘차게 떨어진다. 이러한 풍경이 작은 돌 한 개
에 축소되어 나타난 것을 '폭포석'이라고 한다. (왼쪽)
경상북도 영양산인 이 돌의 길이는 30센티미터로, 폭포 세 줄기가 박력 있게 떨어지는
폭포석이다. 폭포석은 하얀 석실이 돌 가운데에 박혀 마치 폭포가 떨어지는 것처럼 보
인다. (오른쪽)

산형석 중간에 이처럼 호수의 경치까지 들어 있으면 아주 뛰어난 수석으로 친다. 이런 돌은 만나기가 힘들다. 전라남도 제석산에서 탐석했다.

드높은 고원에 구름안개가 깔렸고, 그 위로 산봉우리가 솟아난 신비의 경치다. 경상북
도 영양에서 탐석했다.

산악이 중첩된 아래로 고요한 호수가 잠겨 있으며, 여기에 산그림자까지 드리워 썩 빼어난 이 돌은 제주도에서 탐석했다. 돌 한 개가 광대한 스케일을 가지고 있을 때 괴어 있는 물의 양과 범위가 적고 작더라도 드넓은 호수로 보게 된다. (위)
경상북도 주왕산 동쪽에 있는 호수로, 그 경관이 아름답다. 이러한 경관을 물이 고인 호수석에서 찾아볼 수 있다. (아래)

전라남도 해남산인 이 돌은 환상적인 형태 속에 물이 고여 매우 귀하게 여기는 수석이다.

유순한 산봉우리 옆으로 평원이 이루어진 가운데 호수경도 곁들여졌다. 경기도 여주
에서 탐석했다.

물형석은 이렇게 일그러지고 우스꽝스러워야 감칠맛이 있다. 경상북도 점촌에서 탐석했다. (왼쪽)
세련미가 넘치는 곰의 모습이다. 충청북도 제천에서 탐석했다. (오른쪽)

단조롭지만 부드럽게 타원형을 이룬 선의 아름다움이 빼어나며 다시 가운데에 둥근 선이 드리워진 것이 매력적이다. 부산에서 탐석한 이 돌은 사람의 형체를 잡된 군더더기를 모두 없앤 순수한 참모습으로 응축한 듯한 추상석이다.

둥근 돌 안에 다시 둥글고 깊은 동혈이 뚫려 있다. 전라남도 목포에서 탐석했다.

색채의 조화와 신비스러운 굴곡이 잘 어울리는 추상석이다. 경상남도 울산에서 탐석
했다. (왼쪽)
손가락으로 한 번 누른 듯한 이 추상석은 경상북도 포항에서 탐석했다. (오른쪽)

파란 하늘에 하얀 뭉게구름. 쉽게 볼 수 있는 우리나라의 가을 하늘이다. 색채 무늬에서 이런 가을 하늘을 연상할 수 있다. (위)
경상남도 일광산인 이 돌 안에서 하늘에 피어오르는 뭉게구름을 볼 수 있다. 돌 모양도 훌륭한 색채 무늬석이다. (아래)

기러기 두 마리가 정답게 하늘을 나는 듯한 무늬석으로, 경상북도 경주에서 탐석했다.
무늬석은 돌 표면에 자연의 갖가지 모습이 천연으로 아로새겨진 것을 말한다.

숲이 우거지고 호숫가에 숲 그림자가 드리워 있다. 전라남도 진도에서 탐석했다.

정처 없이 언덕을 오르고 있는 김삿갓의 모습을 담은 무늬석이다. 돌에 나타난 무늬는
실제의 형상을 구체적으로 닮을 수는 없기 때문에 흔히 상징으로 나타난다. 충청북도
단양에서 탐석했다.

커다란 꽃 한 송이가 활짝 피어난 미석, 곧 꽃돌로서 이것은 원석을 깨뜨려 다듬은 다음 연마 과정을 거쳤다. 경상북도 청송에서 탐석했다.

경상남도 고성군의 산에서 캐어낸 돌이다. 맨 처음에는 진흙에 덮여 있던 것을 계속 긁어내고 닦으면 이러한 산수석의 형태가 이루어지기도 하고, 예상하지 못했던 형태가 나타나기도 한다. (왼쪽)
대구 근교의 파계사 주변 토중에서 파낸 돌로, 그 괴이한 형태가 감탄스럽다. 이런 수석은 볼 때마다 감흥이 새롭다. (오른쪽)

전라남도 진도의 바닷가에 펼쳐진 돌밭이다. 이렇게 짙은 빛깔일 때 탐석 성과가 좋다. 그러나 물기가 마르고 나면 빛깔이 허옇게 됨을 알아야 한다. (앞쪽)

충청북도 제천산인 이 돌은 검은색과 흰색의 조화가 뛰어나며 단아한 형태가 볼 만하다. 석질이 약하여 쉽게 상처를 입는 것이 흠이다. (왼쪽 위)

색채가 들어 있는 돌을 인공으로 연마하여 그 찬연한 빛깔을 드러낸 미석이다. 색채석은 보통 빛깔 좋은 원석을 가공하여 빛깔 무늬를 즐긴다. 경상남도 언양에서 탐석했다. (왼쪽 아래)

색채 무늬가 들어 있는 모암을 깨뜨려 연마해 보니 이런 무늬가 나타났다. 남녀의 모습을 연상하게 하는 이 돌은 전라남도 해남에서 탐석했다. (오른쪽)

손바닥 위에 놓이는 작은 돌로, 완전 천연이다. 꽃잎의 흰 빛깔과 가운데의 방울이 입체적으로 솟아난 것이 일품이다. 경상북도 경주에서 탐석했다. (오른쪽)
이 돌을 꽃 몇몇 송이만 확대해 보면 자연의 신비에 감탄하게 된다. (왼쪽)

충청북도 충주에서 탐석한 추상석이다. 이와 같이 색조를 돋보이게 하려면 잣씨나 피마자씨를 으깨어 문질러 주면 된다. 들기름이나 왁스보다는 훨씬 더 은은하고 깊은 맛을 낸다. (왼쪽 위)

형겊으로 문질러 고태를 돋보이게 한 돌이다. 질긴 형겊은 피부의 때를 벗기는 데뿐만 아니라 고태를 내게 하는 데도 유용하게 쓰인다. (왼쪽 아래)

전라남도 하의도에서 탐석한 이 돌은 크기가 작아 오랫동안 손에 쥐고 쓰다듬는 가운데 고태가 생겨났다. (오른쪽)

제주도에서 탐석한 무게 있는 돌과 동 수반의 격조가 잘 어울린다.

강원도 영월에서 탐석한 돌을 상처럼 생긴 좌대 위에 올려놓았다. 이와 같이 좌대는 단순히 돌이 앉을 만하게 조각하는 것이 아니라 수석미를 돋보이게 하는 작품으로 만들어야 한다.

경상남도 울주에서 탐석한 이 돌의 중후한 멋과 잘 어울리는 좌대 조각이다. 좌대의
빛깔도 좋다. 물형석·무늬석·색채석·추상석 들은 대부분 좌대에 받쳐 놓는데, 때로는
산수석도 좌대에 올려놓는다. (왼쪽)
영롱한 색채 무늬가 들어 있는 것을 연마 가공하여 그 숨은 비밀을 드러낸 미석이다.
미석은 수석의 범주에서 빼는 것이 통념이다. 경상북도 영덕에서 탐석했다. (오른쪽)

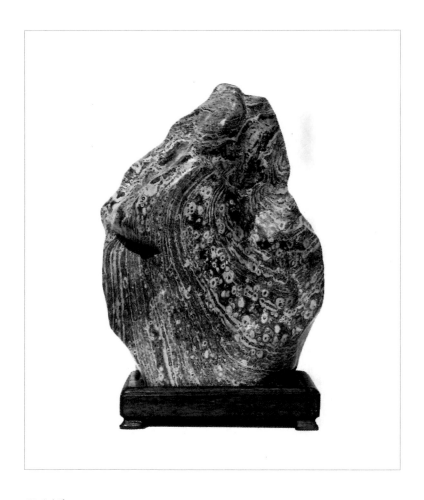

충청북도 제천에서 탐석한 이 돌은 절벽경으로, 까마득한 자태가 돋보인다. (오른쪽)
이 돌을 확대해서 보았다. (왼쪽)

경상북도 경주에서 탐석한 이 돌은 멀리 바라보이는 평원석이다. (왼쪽)
이 돌을 산봉우리를 중심으로 하여 확대해서 보았다. (아래)

수석

수석의 역사

기묘하고 멋지게 생긴 돌을 사랑하고 아끼는 마음은 긴 역사를 통해 줄곧 이어져 내려왔다.

지구에 사람이 살기 시작하면서부터 사람들은 돌을 생활의 도구로 이용했다. 또 배석(拜石) 신앙으로 기묘하고 이상하게 생긴 바위를 신성하게 모시기도 했다. 이와 같이 돌과 밀접한 관계를 맺으며 살아온 사람들은 돌의 오묘한 아름다움을 보는 안목을 키웠고, 기이한 바위에 찬사를 보내기 시작했다.

비원의 궁중정석

기묘하게 생긴 돌에 애착심을 나타낸 최초의 기록은 3000년쯤 전에 나온 중국 최고(最古)의 지리서(地理書) 『서경(書經)』의 '우공편(偶貢篇)'에 있다. 그 뒤로 돌의 기묘함을 아끼고 사랑한 기록이 풍부하게 전해 오고 있는데, 이러한 기록 가운데는 재미있는 일화들도 무척 많다.

중국에서는 유명한 현자와 문인들을 중심으로 애석기풍(愛石氣風)이 심오하고 풍성하게 전개되었으며, 특히 당송(唐宋)시대의 열기는 대단히 높았다. 심지어 휘종 임금(송대)의 애석열은 나라의 살림을 위태롭게 만들기까지 했다.

우리나라에서는 돌에 관한 최초의 기록을 신라시대의 문헌에서 찾아볼 수 있다. 『삼국유사』의 기록을 보면 당나라에서 화엄경을 배워 온 승전법사는 80개의 돌을 모아 불경을 가르칠 만큼 돌이라는 소자연을 무척 아꼈다.

500년 전의 기록인 인제(仁齊)의 『양화소록(養花小錄)』은 우리나라 수석의 정통을 세웠으며, 그 뒤로 다산·추사·대원군에 이르기까지 많은 선비가 애석의 발자취를 남겼다. 뿐만 아니라 조선 시대의 서화가들은 괴석도 즐겨 그리기도 했다. 또 불교 사찰에서 돌을 귀하게 모신 역사도 꽤 길고 다양하다.

현재 비원에 보존되어 있는 수십 개의 궁중정석(宮中庭石)들은 상당히 오랜 역사를 간직하고 있으며, 이것은 우리나라만의 독특한 애석기풍을 돋보이게 하는 것으로서 음양의 조화를 상징한 훌륭한 수석이라고 할 수 있다.

돌 한 개에 담긴 산악 경치

사람들은 자연 속에서 큰 즐거움과 평화로움을 느낀다. 그래서 사람들은 깊은 산골이나 한적한 시골을 찾아 자연의 한 부분이 되려고 한다. 그러나 바쁜 생활에 얽매이다 보면 늘 자연의 아름다운 경관 속에만 파묻혀 노닐 수는 없는 노릇이다. 그렇다고 구름과 안개가 머무는 웅대한 산수를 집 안에 그대로 옮겨 놓을 수도 없다. 그래서 사람들은 축경(縮景)이라는 것을 생각해 냈다. 곧 심산계곡(深山溪谷)을 축소시켜 뜰 한쪽에 꾸며 놓는 일이다. 이것이 바로 석가산(石假山, 鳥山, 築山)이며 동양의 조원(鳥園)이라고도 한다. 동양의 전통적인 풍류를 엿볼 수 있는 조원은 아주 먼 옛날부터 발달되어 지금까지 전해 내려오고 있다.

기괴하게 생긴 크고 작은 돌들을 마당에 보기 좋게 늘어놓아 웅장하고 거대한 명산(名山)의 상징으로 삼는 석가산, 또 흙무덤을 쌓고 여기에 나무와 풀을 심어 빼어난 명산의 기품을 상징적으로 조성하는 축산의 기교를 부렸다.

뜰 가운데 수려하고 험준한 산악을 작게 꾸미고, 이곳에 시냇물과 호수도 만들어 놓았다. 기괴하고 운치 있는 바위를 가져와 노송(老松) 밑에 앉혔다. 이렇게 정원을 꾸미고 나니 모든 자연의 신비와 아름다움을 한곳에 모은 축경이 된 것이다.

우리의 옛 선비들은 그러한 경지를 여러 가지로 노래하였는데, 조선조의 정치가이며 문장가인 강희맹(姜希孟)은 다음과 같이 석가산의 의미를 밝혔다.

"사람은 더 높고 큰 산을 오르고자 하고, 더 깊고 넓은 물을 구경하고자 하지만, 지역이 구분되고 다리 힘이 빠지므로 아무리 날고 뛰더라도 그 욕망을 충족시킬 수 없으매, 집 뜰을 벗어나지 않고 산림(山林)과 강해(江海)의 취미를 거두어들이고자, 작은 것으로 인하여 큰 것을 추측하며, 가(假)를 진(眞)으로 상상할 수 있는 것이다."

이러한 축경 조원은 신라의 옛 자취가 남아 있는 안압지에서도 찾아볼 수 있다.

뜰에 산악을 작게 꾸미기 위해 산과 강가에서 울퉁불퉁한 돌들을 가져와 매만지던 사람들은 또다시 놀랍고 새로운 사실을 발견하게 되었다. 곧 뜰에 조성한 산악이 작은 돌 하나에 더 작게 축소되어 들어 있는 모습을 발견하게 된 것이다.

그리하여 마당에 조성한 멋진 경치를 돌 한 개에 담아 다시 안방으로 가지고 들어와 편안히 앉아 금수강산을 구경하게 되었다. 이것이 바로 수석의 시초다.

수석은 두 손으로 들 수 있는 작은 돌에 삼라만상의 여러 형상이 집약되어 상징적으로 축소된 것을 말한다. 이러한 수석의 축경 세계에 대하여 중국 당대(唐代)의 시인 백낙천(白樂天)은 다음과 같이 이야기했다.

"삼산오악(三山五岳)의 수백 골짜기와 수천 구렁 따위의 여러 형상이 작은 돌 가운데 아주 자세하게 축소되어 나타나 있다. 백길이나 되는 것도 한 주먹 안에 들고, 천리나 멀리 떨어진 경개도 한눈에 들어오니, 이것을 앉아서 다 볼 수가 있다. 조물주가 돌을 만들어 놓을 때 어찌하여 그 돌 사이에 축경의 뜻을 두었을까……."

앉아서 만리(萬里)를 보고 누워서 천고(千古)를 헤아리는 너른 마음을 볼 수 있다.

경상남도 지리산에서 탐석한 이 돌은 봉우리 세 개가 이어진 수려한 산형석이다. 산형석은 이와 같이 멀리 바라보이는 경치를 표현하기 때문에 '원산석'이라고도 한다.

수석과 선비 정신

수석은 동양 정신에서 우러나온 자연 사랑의 표현이다. 수석을 즐겨 누리는 정취는 동양적인 사상에서 비롯된 감정으로서 우리나라를 비롯하여 중국, 일본 같은 나라에서 향유하는 자연애의 한적(閑寂) 생활이다. 마음과 몸이 자연과 동화하는 것, 자연은 숭배해야 할 위대한 존재이며 우주 원리의 도(道)로서 형이상학적인 대상이라는 인식, 이것이 바로 동양의 자연관이다. 사람이 제아무리 월등하다고 자랑해도 자연의 순수와 진실 앞에서는 다만 티끌처럼 헛되고 보잘것없는 실상에 지나지 않으며, 오직 자연의 품속에 묻힐 때 비로소 인간 생활의 참된 가치와 기쁨이 있다. 그리하여 자연의 운행에 순응하고, 자연을 이상화(理想化)하며, 자연을 순수하게 따르는 동심으로 돌아가려는 것이다.

옛날의 선비들이 돌(괴석(怪石))을 사랑한 것은 대자연이 일깨워 주는 진리를 사랑했기 때문이다. 그들은 가슴속에서 속된 기운을 물리치고 돌을 반려자로 삼았으며, 그 고결한 품성과 깊은 학문은 '수석'이라는 자연만을 벗으로 삼을 만하였던 것이다.

옛 글에 "돌(괴석(怪石))은 굳고 곧은 덕을 가지고 있어서 참으로 군자의 벗이 됨이 마땅하다. 항상 같이하여 눈에 담고 마음으로 본받을 것으로서 감히 미치지 못할 고상한 형상이다."라고 하였다.

예부터 사람들은 돌처럼 참되고, 변덕 없고, 영원하고, 굳고, 단단하기를 바랐던 것이다.

수석이 갖추어야 할 요소

　수석은 조각이나 공예품이 아니다. 오직 대자연의 섭리로 저절로 이루어진 형상이며 인공(人工)이 전혀 가해지지 않은 천연의 것이어야 한다. 그래서 수석은 신공(神工)이며, 조물주의 선물이라고 말한다.

　수석은 자연미를 찾는 것이 그 전부다. 작고 소박한 자연석(自然石) 한 개가 독특하고 아름다운 요소를 가지고 있을 때, 우리는 이것을 가지고 상상의 날개를 펼쳐가며 관상한다. 수석으로서 아름다움을 지니는 데는 몇 가지 원칙이 있다.

　첫째, 한 개의 돌은 늘 어떤 형상을 상징해 주어 그 본래의 실상(實像)을 느낄 수 있어야 한다. 또 반드시 돌 한 덩어리로 이루어져야 하고, 여러 개의 돌을 조립하여 어떤 경치를 꾸미는 것은 수석이라고 할 수 없다.

　둘째, 자연의 신비스러운 아름다움을 야외에 나가지 않고 실내에서 바라보며 감상할 수 있는 자그마한 돌이어야 한다. 곧 두 손으로 들 수 있는 정도의 크기여야 하며, 정원석과는 종류가 다르다. 무심(無心)한 돌에 함축된 시정으로 정서적인 감흥을 느낄 수 있어야 한다. 이러한 수석의 형식을 간추려 보면 다음과 같다. 첫째 산수(山水)의 경치를 연상시켜 주는 돌(山水景石 즉 山水石), 둘째 여러 가지 물형(物形)의 기묘함을 나타내는 돌(物形石 즉 形像石), 셋째 회화적인 색채와 무늬가 아름답게 조화되고 어떤 산수 경치나 물형의 문양이 아로새겨진 돌(色彩石, 무늬石), 넷

째 환상적인 감동을 일으키는 돌(抽像石)들이다.

질과 색의 관계

수석은 우선 석질(石質)이 좋아야 한다. 석질이 단단하여 오랫동안 변하지 않아야 그 가치가 높다. 석질이 좋지 못한 것은 몇 해가 지나면 바래고 표면이 쉽게 상한다. 게다가 조금만 부딪쳐도 흠집이 생긴다면 수석으로서는 치명적인 결함이 된다. 좋은 석질을 대할 때만이 무언부동(無言不動)하는 돌의 진정한 맛을 시각적으로 느낄 수 있는 것이다.

모스 경도로 4.5도에서 6도 사이가 이상적인 석질의 돌이다. 실제로 못이나 유리 조각으로 잘 긁히지 않는 것이면 질이 좋은 돌로 친다. 그다음으로 수석에서는 빛깔을 중요하게 여기는데, 주로 먹돌(진흑색돌)을 으뜸으로 친다. 검은 돌이라면 모양이 별로 없고 둥그스름하여도 호감을 갖게 되는데, 단지 윤기 없이 시르죽 산뜻하지 못한 빛깔은 좋은 평가를 받지 못한다. 그런데 검은 먹돌만이 수석에서 취택되는 것이 아니라 갈색, 푸른색 돌도 색이 짙은 것은 상급으로 친다. 좋은 수석에는 반드시 무게와 깊이와 점잖음이 들어 있어야 하며, 생동감이 있고 명료하고 살아 있는 빛깔이어야 함을 소홀히 해서는 안 된다. 허연색, 부연 회색, 누르께한 색 따위는 이내 싫증이 나기 마련이다. 여기서 중요한 것이 질과 색의 상관관계다.

수석에서 가장 기본이 되는 3대 요소가 있다. 형태, 질감, 색감이 그것이다. 이 3대 요소가 제대로 갖추어졌다면 더 바랄 것이 없겠지만 대체로 어느 쪽이든 조금씩 부족하기 마련이다.

누렇거나 허연 빛깔인데도 뛰어난 질감 때문에 수석으로 고르는 수가 있다. 이 경우에는 그 석질이 중량감과 치밀성이 있어서 감칠맛을 안겨 주어야 하고, 때로는 연연한 색채가 자욱이 감도는 새로운 맛을 가지고 있어야 한다. 색이 중후하지 못하다고 무턱대고 버리지 말고 다른 각도에서 감상 가치가 있는지 한 번쯤 고려해 보는 것이 바람직하다.

한편 질감은 떨어지는데 빛깔이 월등하게 돋보이는 것은 거의 없다. 색채가 짙더라도 질감이 훌륭하지 못한 수가 가끔 있지만 대체로 색감이 뛰어난 것이면 질감도 좋기 마련이다. 치밀하고 단단한 석질일 때 색채의 격조가 빼어나게 잘 나타나기 때문이다. 아무튼 푸석 돌로서 빛깔이 명료한 것은 있을 수 없다.

그리고 질과 색은 별로 좋지 못해도 형태가 아주 뛰어났을 때는 그것을 버릴 수 없다. 이 경우에 석질을 고칠 수는 없지만 보기 좋은 형태만이라도 살리기 위해 돌 표면에 밀가루처럼 보드라운 이끼를 입히는 양석(養石)을 할 수 있다. 양석을 하여 표면을 푸르게 덮으면 볼품없던 질과 색이 감추어지고, 고색(古色) 어린 모습으로 변해 품위 있게 보인다. 양석에서 이끼가 거칠면 천박스러워지므로 되도록 밀가루처럼 부드러운 이끼를 입힌다.

또 형태는 시원치 않은데 질감과 색감이 뛰어나서 마음을 끄는 돌이라면 그것도 좋은 수석감이다.

좌대의 가운데 부분을 파내어 이 부분의 장점을 살렸다. 좌대 연출에서 이와 같이 돌의 장단점을 살리기도 하고 감추기도 한다.

고태를 풍기는 수석

좋은 수석의 체면을 차리려면 빼어난 형태, 경도 높은 질감, 심원한 색감의 3대 요소가 조화있게 구성된 자연미를 가져야 할 것이지만, 여기에 고태미(古態美)가 곁들여지지 않으면 안 된다. 이 고태의 멋을 소홀히 여기면 애석의 격조와 품위가 흔들리게 된다.

고태미는 수석의 밑바탕에 흐르는 석심(石心)이다. 고태를 풍기지 않으면 참다운 수석이라고 할 수 없다. 또 돌에 숨어 있는 고태미를 발견하지 못하면 내용 없는 수석 취미가 되고 만다.

고태란 무엇인가? 예스럽고 아취 있는 자태, 곧 무척 세월이 흐른 태고의 오묘한 어운이 저절로 드러나 보이는 고담(古淡)한 품위가 있어야 한다. 다시 말해서 고색창연한 멋이 있어야 한다. 이에 대한 옛사람들의 표현을 빌리면 '노태수석(老苔壽石)', '석수만년(石壽萬年)', '수석노불(壽石老佛)' 등 각양각색이나 고태의 멋이란 노태(老態)의 멋, 노석(老石)의 멋인 것이다.

백발이 성성한 노인의 얼굴에서 느낄 수 있는 인생의 깊이와 완숙한 인간미를 수석에서도 느낄 수 있으려면 오랜 세월의 양석(養石)이 필요하다. 그래서 바로 탐석해 온 것을 '생돌'이라고 하며, 양석으로 때깔을 입힌 것을 '수석'이라고 하여 구분하는 것이다.

고태미는 수석의 궁극적인 아름다움이다. 대자연의 엄청난 역경을 감내해 온 그 기나긴 돌의 역사, 천만년의 수(壽)를 누리면서 끝없이 흘러온 무언부동(無言不動)한 돌의 내력이 한 개의 돌에 축적되어 한순간에 풍겨 나올 때 우리는 크나큰 감동에 빠진다. 돌 한 개에 쌓인 숱한 역사와 세월을 추억하는 순간 우리는 영원 속에서 불멸하는 아름다움을 느끼게 되는 것이다.

고태미를 돋보이게 하기 위한 간편한 방법으로 '양석'이라는 것이 있다. 양석의 의미를 터득하지 못하고서는 애석의 진정한 맛을 느낄 수 없다. 돌의 고태를 나타내기 위한 양석은 우리의 마음을 기름지게 하는 양정(養靜)과 같은 것이며, 또 우리의 덕성(德性)을 기르기 위한 양덕(養德)의 경지에 견줄 수 있다. 돌은 본디 생명이 없지만 그 돌에 생명을 부여하는 것이 양석이다.

요즘에 구워낸 도자기와 조선조나 고려 때의 도자기를 견주어 보면 그 풍기는 맛에 큰 차이가 있다. 겉으로 드러나는 아름다움에는 별 차이가 없다손 치더라도, 그 안에서 풍겨 나오는 맛은 아주 다르다. 곧 옛 도자기에 나타나는 고태미란 요즘의 도자기에서는 도저히 느낄 수가 없는 것이다.

마찬가지로 새로 탐석해 온 돌과 오래 묵은 돌을 견주어 보면 역시 그 맛이 다르다. 새로운 돌은 생경한 맛이 나지만 오래 묵은 돌은 성숙하게 무르익은 기운을 띠고 있다. 이것은 오랜 세월이 흐르는 동안에 고태미를 품었기 때문이다.

이와 같은 고태미를 수석에 나타내는 양석 방법에는 몇 가지가 있다. 실제로 양석은 긴 세월을 흘러오는 가운데 유유자적하게 이루어지는 것이지 짧은 시간에 그 성과가 나타나는 것은 아니다.

우선 돌을 양석하기 위해서는 흔히 표면에 이끼를 입힌다. 산이끼와 같은 크고 거친 이끼가 아니라 돌담 같은 곳에 붙어 자라는 부드러운 이끼여야 한다. 이런 이끼가 잘 자라는 환경을 만들어 주고 돌의 주변에 항상 습기가 차도록 자연수를 주어야 한다.

다음으로 물에 의한 양석이 있다. 오랜 세월 동안 물을 계속 적셔 주면 돌갗의 빛깔이 저절로 고색창연한 모습으로 변하는데, 이것은 물때를 입었기 때문이다. 이렇듯 오랫동안 물때가 축적된 돌을 손으로 함부로 만지면 고태의 때깔을 손상시킬 우려가 있으므로 주의해야 한다.

그리고 손으로 쓰다듬어 주는 양석이 있다. 수석을 오랜 세월 자꾸 쓰다듬노라면 이윽고 돌에서 고태미가 풍겨 나온다. 돌을 쓰다듬고, 헝겊으로 먼지를 떨며 닦는 가운데 돌은 점점 고태의 때깔을 입어가는 것이다. 돌에 고태를 입히기 위해 일부러 질긴 헝겊으로 자꾸 문질러 주기도 한다.

그러나 빨리 고태를 돋보이게 하고 싶어서 돌에 마구 기름을 칠하는 일은 삼가야 한다. 인공으로 고태를 나타내었다는 냄새가 풍기면 안 된다. 지극히 자연스러운 모습으로 고태미가 우러나와야 한다.

선, 굴곡, 주름의 구성

날카롭고 거친 선(線)으로 돌 모양이 이루어진 것은 살기(殺氣)마저 풍긴다. 모암(母岩)에서 떨어져 나온 지 얼마 되지 않아 깨어진 흔적이 거칠게 나타나 있는 것, 혹은 그와 비슷하게 날카로운 날을 세워 험상궂은 인상마저 풍기는 것은 수석에서 기피하는 요소다.

늘 부드럽게 흐르는 선과 굴곡, 예리한 맛이 없는 유연한 선이야말로 안도감을 느끼게 한다. 부드러운 선의 흐름으로 형태를 이루어야 아름다운 것이며, 여기에 수석의 가치가 있다.

또 능선이나 푹 파인 골, 좁쌀알 같은 표피(돌감), 뚫린 구렁 같은 많은 변화가 모두 부드러움으로 이루어져야 한다.

갖가지 굴곡과 선의 흐름이 유연한 맵시를 갖추려면 세찬 물살에 오랫동안 씻겨서 날카로움이 마멸된 것이라야 한다. 그러나 토중이나 산에서 발견된 돌도 선과 굴곡이 부드러운 것이라면 강물에 마멸되지 않더라도 모두 훌륭한 수석감이다.

돌의 피부를 이루고 있는 돌갖을 보면 여러 가지 양상을 보게 된다. 돌갖의 독특한 개성은 수석미를 평가하는 데 큰 역할을 한다. 형태가 별로 잘 생기지 않았음에도 불구하고 돌갖이 독특한 성질을 가지고 있어 신비스러움이 풍겨 날 때, 또 돌갖의 때깔과 맵시가 아름다움을 자아낼 때 그것 하나만으로도 귀한 수석감이 될 수 있다.

돌갖의 양상은 아주 다양하다. 깊고 옅게, 크고 작게 패이며 꿈틀거리는 주름은 수석의 개성미를 평가하는 데 매우 중요한 자리를 차지한다. 뱀이 지나간 자국과 같은 것, 노인의 얼굴처럼 주름진 것, 구김살, 힘차게 꿈틀거리는 깊고 굵은 왕주름, 벌림과 같은 곰보 상태 등 여러 가지 주름 굴곡들을 바라보며 수석의 별미를 맛본다.

이 돌갖과 주름은 고태미를 나타내는 큰 요소다. 이것은 기나긴 세월 동안에 자연의 섭리로 이루어진 수석의 만고풍상을 느끼게 하기 때문이다. 여기서 태고에 대한 감동을 받는다.

여러 가지 수석

수석에는 여러 가지 종류가 있다. 그 가운데 가장 흔한 것이 산수경석이고 그 밖에 물형석, 무늬석, 색채석, 추상석, 전래석 따위가 있다.

산수경석(山水景石)

자연의 갖가지 수려한 경치가 한 덩어리의 작은 돌에 축소되어 나타나 있는 것을 '산수석'이라고 한다. 곧 작은 돌 한 개가 어떤 산세(山勢)를 닮아서 책상 앞에 앉아 멀리 바라보이는 대자연의 경치를 감상할 수 있는 것이다.

이와 같은 산수경석(山水景石, 山水石)은 모든 수석의 이상(理想)이며, 예부터 수석의 주종을 이루고 있다. 모든 자연 경관이 산수경치가 주축이듯이 이 수석에서도 역시 산수경석을 매우 소중히 여긴다. 우리가 흔히 자연 속에 파묻히고 싶다고 할 때, 그 자연은 산명수려(山明水麗)한, 설악산 같은 깊은 산을 이야기하는 것이다. 산수미(山水美)를 떠나서 자연을 이야기할 수 없으며, '자연' 하면 곧 산수미를 나타내는 것이다.

하나의 돌에서 산수의 경치를 완상하는 것은 멀리 바라보이는 경관을 아득히 보는 것과 같다고 하여 '원산석(遠山石)'이라고 표현하기도 한다.

자연의 풍경은 깊은 골짜기와 단애(斷崖), 유연히 뻗어내린 산맥의 능선, 호수, 골을 타고 굽이치는 시냇물, 이것이 벼랑을 만나 폭포가 되는 장관 들로 이루 헤아릴 수 없이 많다. 이러한 형상들을 돌의 형태에서 발견하는 것이 수석의 기쁨이다.

돌에 담긴 자연의 풍경을 간단히 분류하면 다음과 같다.

산형석(山形石)

멀리 보이는 산이 축소된 모습을 닮은 돌이다. 아주 가까이 자리 잡고 있는 산의 모습을 닮으려면 섬세한 부분까지 묘사되어 있어야 하는데, 그렇게 세부적인 형상을 가진 돌은 전혀 없다. 동굴의 모습, 기괴한 바위 모습 같은 범위가 작은 경치로서는 어느 정도 세부적인 것을 찾을 수 있겠지만 '산형석' 하면 곧 원산석을 말하는 것이 된다. 산형석에 속하는 종류를 다시 세분해 보면 우선 단봉형(單峰形)이 있다. 험준한 산악의 위쪽 봉우리, 뒷동산의 낮은 야산봉 같이 하나의 봉우리가 솟아난 산을 상징해 주는 돌을 말한다.

또 주봉(主峰)이 우뚝 솟아 있고 그 양옆이나 앞쪽에 그것보다 낮은 봉우리가 있는 쌍봉형이 있는데, 단봉형의 단조로움을 벗어난 형태다. 이 두 봉우리는 모양이나 색과 질에서 동질성을 지니고 조화를 이루어야 보기 좋다. 이 두 산봉우리 사이가 우묵 파여 물이 조금 고이면 산 중턱의 호수 경치까지 보태어 한층 더 흥취를 돋운다.

주봉이 뚜렷한 자태를 세우고 그 주위로 크고 작은 봉우리가 서너 개 솟아 있는 연산형(連山形)이 있다. 깊은 골과 함께 박력 있는 산맥을 이루면 그 변화에 심원한 묘미가 있는데, 좀처럼 만나기 어려운 형태다. 봉우리 사이에 하얀 석질이 박혀 아래로 흐르는 형상을 가지고 있다면 그것은 멀리 폭포가 떨어지는 광경으로 볼 수 있어 참으로 수려한 경치가 된다.

또 봉우리 위에 흰 석질이 덮여 있는 돌은 마치 겨울이 지났는데도 눈이 녹지 않은 산처럼 보여 '잔설형(殘雪形)'이라고 한다. 가끔 돌이 우묵 파인 곳에 흰 석질이 드러나 있어 골짜기에 쌓인 눈이 아직 녹지 않은 산처럼 보이는 돌도 찾을 수 있다.

폭포석

하얀 석질의 줄기가 돌 가운데 박힌 모습이 마치 폭포가 떨어지는 것처럼 보이는 돌이다. 그 흰 줄기가 석회질일 경우에는 어느 정도 세월이 흐르면 변색될 수가 있다. 그래서 바람직한 흰 석질은 석영질이나 규석질이어야 하는데, 이런 종류는 흔하지가 않다.

그러나 높은 곳에서 흰 줄기 하나가 아래로 곧장 떨어지는 폭포석은 비교적 쉽게 찾을 수 있다. 흰 줄기 두 개로 쌍폭을 이룬 것이 있고, 흐르다가 솟구쳐 또 다른 골로 쏟아지는 이중 폭포, 삼중 폭포도 있다. 폭포가 흐르다가 큰 바위에 걸려 다시 솟구치는 형상, 몇 갈래의 줄기로 쏟아지는가 하면 골짜기를 타고 굽이치는 형상 따위의 여러 가지 경치를 마음껏 상상하며 갖가지 폭포석을 찾아내게 된다.

이 폭포석의 물줄기는 돌 전체의 경정(景淨)과 어울리는 필연성과 자연스러움이 있어야 한다. 또 떨어지는 물줄기는 박력 있게 움직이는 힘찬 느낌을 풍겨야 좋다.

그런데 흰 석질이 박혀 있지 않더라도 폭포가 철철 쏟아질 만한 여건을 갖추고 있는 돌이라면 분명히 폭포가 떨어지고 있다는 것을 감지할 줄 아는 상상력이 필요하며, 이런 상상력은 오랜 경륜에서 비롯된다.

호수석(湖水石)

돌의 어느 쪽이든 우묵하게 파인 곳에 물이 괸 형태다. 단조롭게 움푹 파여 물만 가득 괴어 있을 뿐 경관이 뚜렷하게 나타나지 않더라도 고요하고 신선한 기운이 감돌아 즐겨 찾게 된다.

물이 괸 형상도 여러 가지가 있다.

조금 파여 물이 괸 웅덩이 혹은 샘터를 들 수 있다. 그리고 그것보다 조금 더 큰 것이 못, 못보다 더 큰 경치는 늪, 늪보다 더 커다란 것은 호수가 된다. 한라산의 백록담처럼 산꼭대기에 물이 괸 형상, 산중턱에 물이 괸 호수경, 산기슭으로 내려앉은 호수가 있다.

돌 한 개가 광대한 스케일을 가지고 있을 때, 괴어 있는 물의 양과 범위가 적고 작더라도 드넓은 호수로 보게 된다. 협소한 자연경의 한 부분을 나타낸 돌 한쪽에 비록 물이 넓게 많이 괴어 있더라도 전체적인 균형을 보아 못이나 늪 혹은 물웅덩이로밖에 보지 않는 경우가 있다.

이 호수석에 산봉우리들이 우뚝우뚝 솟아 폭포나 평원의 경치까지 함께 곁들여져 있다면 가히 천하의 일품이라고 할 수 있다.

평원석(平原石), 토파석(土波石)

돌 한쪽에 산봉우리가 솟고 언덕이 이루어져 있으며 그 옆이나 앞으로 드넓은 평지가 펼쳐져 있을 때 이것을 '평원석'이라고 한다. 마치 호남평야와 같은 넓디넓은 들판을 연상하게 되는 돌이다. 평지가 광활하게 펼쳐지는 평원경, 원근(遠近)에 대한 감각이 뛰어나야 그 맛과 흥취를 더 깊게 느낄 수 있다.

평원석에서 평평한 저 끝에 콩알만하게나마 봉우리가 솟아 있으면 산악으로 감상할 수 있으며, 그러한 봉우리가 여러 개 있으면 더 좋다. 또 평면에 파여 들어간 부분이 있으면 풍우설상(風雨雪霜)으로 형성된 웅덩이나 늪 혹은 호수로도 보게 된다.

평원석이 아주 넓은 경개를 나타내는 것임에 반하여 토석은 아주 좁은 부분을 나타낸다. 토파석은 산간의 언덕에 평탄한 빈터가 변화 있게 이루어진 형상이다. 곧 산악에 오르노라면 바위가 불쑥 올랐다가 그 위에 평면을 이루기도 하고, 평평한 지대 끝에 다시 벼랑이 나오고 또 언덕이 위가 깎여 평지를 이룬 경치를 이따금 발견하게 된다. 이런 산악을 닮은 것이 토파석으로, 다른 산수석에 그런 토파를 곁들이고 있는 것을 자주 볼 수 있다.

섬형, 바위형

각양각색의 섬을 닮은 돌이 섬형(도형석(島形石))이다. 섬형을 흔히 볼 수 있는 산형석으로 혼동하는 일이 많은데, 섬형은 산형석보다 훨씬 작다. 섬형인데도 그것이 산의 형세를 이루고 있으면 산형석으로 보는 경우도 있다. 그러나 산형이 골짜기와 선의 변화와 함께 규모가 큰 기상을 지니고 있다면, 섬형은 규모가 작은 양상을 띠고 있다고 할 수 있다. 산형이 계속 이어지는 산맥의 기백이 돋보인다면, 섬형은 맥의 계속성이 단절된 외로움을 품은 단조로운 느낌이 든다.

그리고 억세게 생긴 바위, 바닷가에 우뚝 솟아 파도에 시달리는 제주도의 용두암 같은 바위, 산악 가운데에 높게 치솟은 괴암, 어떤 사연이나 전설이 담긴 망부석(望夫石) 따위의 형상을 닮은 돌이 바위형(암형석(岩形石))이다.

이 바위형도 섬형과 비슷한 게 많아서 구분하기가 어려운 편이다. 먼 바다 가운데 웅장한 바위가 솟아 있을 때, 이것을 섬형으로 잘못 구분하는 수가 있다. 섬은 바위와 흙과 수풀이 함께 있는 상태고, 바위는 오직 암석으로만 이루어진 상태임을 알아야 한다.

무인도의 절경으로, 한쪽에는 고깃배가 드나들 동혈이 뚫려 있다. 전라남도 제석산에서 탐석했다.

단층석(斷層石)과 그밖의 형

두세 개의 단층과 그 층계마다 평면이 형성된 돌이 단층석이다. 강물이나 파도의 침식, 지각의 변동, 토양의 변화 따위로 층계를 이룬 풍경을 연상하게 한다. 깎아지른 벼랑 그리고 그 위에 펼쳐진 평지가 반복되는 자연의 모습은 동해안이나 남해안에서 볼 수 있는 것이다.

그것말고도 형태가 다른 것으로서 절벽석(絶壁石)이 있다. 깎아지른 듯 까마득한 절벽의 경치만이 독특하게 형성된 돌이다. 절벽석의 표면에는 주름이 잡힌 굴곡이 있어야 운치가 있으며 그냥 미끈하기만 하면 싱겁기 짝이 없다. 절벽석은 위쪽이 들쭉날쭉한 변화를 갖추고 있어야 좋다. 다른 산수석 중에서도 어느 한 부분에 이 절벽의 경치를 곁들이고 있는 돌을 발견할 수 있다.

그 밖에 동굴석이 있다. 해안가나 벼랑에 뚫려 있는 터널 같은 굴문(洞門), 홍도(紅島)에서 볼 수 있는 석문(石門), 절해고도(絶海孤島)의 어느 섬 가운데로 고깃배가 지나다니는 굴 구멍 따위의 형상을 닮은 돌이다.

또 갓바위의 형상, 구렁이 깊이 파여 산짐승들의 안식처를 연상하게 하는 형상도 있다.

그런가 하면 어떤 돌은 그랜드캐니언의 협곡을 닮기도 했고, 험산준령 위로 열두 고개가 굽이치는 산길을 닮은 돌, 이국적인 풍경을 닮은 돌이 있다. 다양한 자연의 형태를 일일이 헤아려 보자면 한이 없다. 그리고 이러한 자연경을 정취 있게 닮은 돌이면 모두 산수경석이 되는 것이므로 하나의 수석에서 여러 가지의 산수미를 찾아내려면 그만한 깊이의 상상력을 펼쳐야 한다.

앞에서 산수석을 형태별로 구분해 보았지만, 그러한 형상들이 단조롭게 하나의 형태로만 나타나 있지 않고 두 가지, 세 가지 넘게 하나의 돌에 함께 집약되어 이루어질 때 수석의 즐거움은 더 커진다.

물형석(物形石, 形像石)

사람이나 새, 들짐승, 석탑, 초가집이나 옛 유물 같은 갖가지 물형을 특색 있게 닮은 돌이다. 아무렇게나 생긴 것 같은 돌이 마치 어떤 짐승이나 곤충을 닮아 오래 보면 볼수록 더 그런 느낌이 드는 돌이 있다. 그런데 너무 제 나름대로 상상의 나래를 펴다가는 자가당착에 빠지기 쉽다는 점에 유의해야 한다.

물형석, 곧 형상석은 너무 꼭 닮으면 한 번 보고 싱겁게 끝나 버리기 마련이다. 무엇인가를 암시적으로 상징해 주는 근사(近似)함이 있어야 볼수록 기묘하고 생각할수록 재미있어지는 것이다.

한편 돌의 크기가 크면 클수록 잔재미가 줄어들고 가치가 떨어진다. 작을수록 아기자기하고 소담스러운 맛이 더 난다. 메줏덩어리만한 돌덩어리를 '달팽이형'이라고 이름 붙일 경우, 실제로 달팽이가 그렇게 클 턱도 없겠거니와 보기에 지겨워진다. 물형석은 한 손아귀 안에 들 정도로 작아야 좋다. 그러면서 엇비슷하게 닮은 데다가 익살스럽고 우스꽝스러운 요소가 곁들여져야 한다. 곧 똑바른 것보다 삐뚜름해야 흥겨움이 있다. 배 모양(船形)을 보면 일그러진 고깃배, 파도에 부서져 기우뚱거리는 낡은 범선 같은 것이 감칠맛을 준다. 새로 건조한 것같이 너무 똑바르게 닮은 배는 여운이 없어 볼품이 없다.

물형석은 대체로 초심자가 처음에 좋아하는데, 알고 보면 물형석의 세계가 그렇듯 가벼운 것이 아니다. 깊이를 더할수록 어려워지고, 현대 미술의 세련된 감각으로 추구하려고 하면 상당한 조예를 가지지 않고는 안 된다. 물형석은 추억과 동경의 세계를 짙게 맛볼 수 있는 돌이어야 한다. 또 자연의 형상이어야 좋다. 이 돌이 권총이나 전화통을 닮았다면 여기서 정서를 맛볼 수 없으며, 신비스러움도 느끼지 못한다. 구두를 닮은 것보다는 이지러진 고무신을 닮은 돌을 볼 때 고무신을 신고 다니던 어린 시절의 추억이 피어오르는 뿌듯함을 느낄 것이며, 또 이보다는 나막신을 닮았을 때 보다 더 감동적인 시정(詩情)에 잠기게 된다. 곧 풍부한 정감을 얻을 수 있는 돌이어야 한다.

그러므로 이름 높은 옛 성현이나 성모상, 선비상, 불상, 찌그러져 가는 초가, 하도 괴이하게 생겨 고생대에서나 있었을 짐승 같은 것일수록 물형석의 가치가 높다.

무늬석, 색채석

무늬석은 수석에서 대단히 중요한 분야다. 무늬석은 우선 천연으로 이루어진 것이어야 하며, 돌 표면에 자연의 갖가지 문양이 기묘하게 아로새겨진 것을 일컫는다. 고목, 곤충, 사람, 새, 들짐승, 꽃, 산과 수풀, 달과 별, 눈 내리는 모습, 변화무쌍한 구름의 형상 따위의 여러 가지 무늬가 돌에 새겨져 있는 것들이 다 무늬석이다.

이 무늬는 아름다운 빛깔로 이루어져야 좋은데, 이런 것은 흔하지 않다. 그리고 돌의 본바닥(표면) 색과 무늬 색이 뚜렷하게 구분되어야 하며, 색이 서로 조화를 이루어야 한다. 회색 바탕에 검은 무늬가 들어 있으면 색의 조화가 명료하지 못해 좋지 않다. 회화적이면서 우아한 색채를 띠어야 돋보인다.

그러나 무엇보다 중요한 것은 무늬 자체에 풍부한 시정이 담겨 있어야 한다는 것이다. 권총이나 트럭 따위가 무늬로 새겨 있다면 그것은 우리에게 전혀 정감을 안겨 주지 못한다. 정서를 느낄 수 없는 무늬와 색이 명료하지 못한 무늬는 격이 떨어진다.

돌에 나타난 무늬는 실제의 형상을 구체적으로 닮을 수는 없기 때문에 흔히 상징으로 나타난다. 그렇다고 해서 남들이 이해할 수 없는 것을 제 고집에 따라 억지로 갖다 붙이는 식의 해석은 곤란하다.

　무늬석은 무늬를 담고 있는 돌의 윤곽이 구도상으로 잘 짜여 안정감 있어야 한다. 그리고 돌 표면의 앞부분에 무늬가 자리 잡고 있어야 한다. 무늬가 뒷면으로 돌아갔다거나 너무 한쪽으로 치우쳐 있으면 볼품이 없다. 무늬가 도도록하게 불거져 나와 입체감을 느낄 수 있으면 무늬석으로는 일품이다. 한편 무늬석에도 추상미를 추구하는 심오한 경지가 있다.

　색채석(색돌)은 어떤 형상이 위주가 아니고 주로 빛깔이 우아한 돌이다. 산수석, 물형석, 무늬석에서도 빛깔을 무시할 수는 없지만 색채석에서는 빛깔이 가장 중요하다.

　색채석은 빛깔이 결코 천박해서는 안 되며 부옇게 바랜 상태여서도 안 된다. 농도가 짙은 화려한 원색이면서 기품 있는 멋을 풍겨야 한다.

　색채석도 무늬석과 마찬가지로 돌 전체의 생김새가 아담하고 안정감이 있어야 한다. 아무리 빛깔이 좋아도 형태가 기괴하고 불안정하면 눈에 거슬린다.

　무늬석이나 색채석은 질감이 좋아야 한다. 석질이 나쁘면 무늬가 산뜻하지 못하며 색채도 화사하게 돌아 나오지 않는다.

　색채석 역시 완전 천연이어야 하는데, 실제로 그런 돌은 쉽게 구해지지 않으므로 대개 빛깔 좋은 원석(原石)을 가공하여 빛깔 무늬를 즐기는 경우가 있다. 가공한 색채 무늬석은 미석(美石)이라고 하여 수석의 범주에서 빼는 것이 통념이다.

경기도 가평에서 탐석한 무늬석이다. 무늬의 주변 바탕에 기름을 먹여 무늬가 돋보이도록 했다.

추상석, 전래석

추상석(抽象石)은 일반적으로 사람들이 알고 있는 어떤 물건을 닮지 않은 돌을 말한다. 딱 꼬집어서 어떤 물건과 닮았다고 이야기할 수 없고 주변의 사물과 동떨어진, 그러면서도 강렬한 인상과 깊은 감동을 불러일으키는 돌이 다 여기에 속한다. 다시 말해서 축경미적인 것이 아니면서 뛰어난 미감을 품고 있는 돌이다.

짜임새 있게 정돈되고 형태와 면(面)과 색이 서로 조화를 이루어 미려함과 정서적 안정감을 풍기는 돌, 거기다가 굴곡과 색의 변화가 뛰어나고 균형미와 함께 리드미컬한 흐름이 있는 돌은 어떤 물건을 전혀 닮지 않았더라도 훌륭한 수석감이 될 수 있다.

오랜 습관으로 굳어진 고정 관념으로는 이해되지 않는 세계, 그러면서도 무엇인가 커다란 아름다움을 가지고 있어 감동을 주는 모든 돌을 추상석이라고 한다. 추상화를 바라보다가 자기도 모르게 어떤 감동을 받았다면 그 그림의 내용을 구체적으로 이해하지 못하더라도 추상화의 감상은 이루어진 것이다. 추상석의 감상도 이와 마찬가지다.

추상석은 어느 정도의 경지에 이르러야 이해할 수 있는 돌이므로 추상미의 감상을 위해서는 부단한 노력이 있어야 한다. 특히 초심자들은 조금만 기이하게 생긴 돌이다 싶으면 무조건 추상석으로 치는데, 그것은 잘못된 생각이다. 추상석의 감상은 오랜 애석 경륜을 통해 이루어져야 할 것이다.

전래석(傳來石)은 우리 조상들이 애완하여 오던 돌이 지금 우리에게 전해진 것을 말한다.

본디 이름 높은 전래석은 명인(名人)의 손을 거쳐야 하며, 그와 함께 그것을 증명할 근거가 있어야 한다. 곧 유서 깊은 내력을 가지고 있어야 그 가치를 평가받게 된다. 이런 돌은 어느 정도 결함이 있더라도 전래석으로 인정된다. 그러나 그것을 증언할 근거가 없으면 난감한 노릇이다.

우리 조상들로부터 전래된 정원석 가운데 개인이 소장하고 있는 것들이 무척 많은 것으로 알려져 있다. 또 비원이나 창경궁 같은 고궁을 찾으면 전래 정석(庭石)들을 볼 수 있다. 아직 세상에 알려지지 않은 사연 있는 전래석이 꽤 많을 것으로 추측된다.

수석을 찾는 즐거움

우리는 멋있게 생긴 돌을 찾으려고 여행길에 오른다. 어쩌면 깜짝 놀랄 만한 명석(名石)을 얻을지도 모른다는 기대감을 갖고 수석 산지로 향한다. '일생일석(一生一石)'이라는 말이 있다. 빼어나게 아름다운 수석을 평생에 한 개만 찾아도 다행이라는 뜻이다. 실제로 빼어난 수석이 마음 먹은 대로 쉽사리 나타나는 것은 아니다. 그러나 불운이 계속되다가도 우연히 빼어난 수석을 만나는 경우가 있는데, 이것을 '석복(石福)'이라고 한다.

어떤 사람은 탐석하기 전에 중얼중얼 염불을 외기도 한다. 자연으로부터 좋은 수석을 얻으려면 정신을 가다듬어야 하기 때문이다. 마음이 어지럽고 어두우면 돌의 멋스러움이 눈에 잘 띄지 않는다. 마음이 맑아야 좋은 돌이 눈에 띈다.

그런데 수석에 처음 입문하고 나서 탐석을 나가면 하루 동안에 배낭 가득 돌을 담아 짊어지고 오는 사람들이 많다. 자세히 보면 전혀 수석이 될 수 없는 몽돌임에도 불구하고 그것이 꼭 멋진 수석으로 보이는 것이다. 그러나 세월이 흐를수록 탐석하는 양이 줄어들고 결국은 하루 탐석에 수석감을 한 개만 얻어도 큰 수확으로 여기게 된다.

수석은 이상한 힘을 가지고 있다. 수석에 한 번 마음을 빼앗기기 시작하면 자꾸 빠져들기 마련이다. 수석에 입문하였다가 싱겁게 손을 떼는 사람은 자연에 대한 이해심이 부족한 사람일 것이다. 그래서 수석을 종생(終生)의 취미라고 한다.

수석이 나오는 곳

수석은 아무 데나 있는 것은 아니다. 금을 캐려면 그 광맥을 찾아야 하고, 석탄은 석탄 광산에서 채굴되듯이 수석도 산지(産地)가 따로 있다. 수석감이 나오는 산지는 크게 세 가지로 나눈다.

강

강돌(천석(川石))은 강가에 널려 있는 돌밭에서 탐석한다. 한강 가에서도 이따금 그럴듯한 수석이 발견되는데, 하류는 돌들이 너무 잘고 모래밭이 대부분이어서 아무래도 강의 중류나 상류에서 찾는 것이 소득도 높고 탐석하는 재미가 있다.

호우나 장마가 지나간 다음에는 색다른 돌들이 굴러내리거나 뒤집혀서 새로운 돌을 탐석하는 데 아주 좋다. 빼어난 수석감을 얻기 위해서는 대부분 강을 많이 찾는다. 수많은 지류와 계곡에서 갖가지 돌들이 굴러내려 한군데로 모이는 곳이 바로 강이기 때문이며, 그렇게 돌들이 모여 쌓이는 동안 마모가 잘 된 돌이 생겨난다.

바다

바다 돌(해석(海石))은 바다의 거센 파도로 깊이 묻힌 지질층의 암맥이 해안 가에 노출된 것을 말한다. 밖으로 드러난 암맥(岩脈)이 깨어지고 닳아지는 가운데 기묘한 수석감으로 변한다. 그러나 파도의 힘으로도 전혀 마모되지 않은 날카로운 파석(破石) 덩어리가 많이 남아 있는 지역도 있다. 수석감이 될 만한 돌은 균열이 가지 않은 견고한 것이면서 굴곡의 변화가 부드러워야 한다. 돌이 이런 모양을 갖추려면 우선 해안의 입지 조건이 좋아야 한다.

육지가 바다 쪽으로 뻗쳐 나온 돌출부는 거센 물결의 힘을 더 세게 받는다. 따라서 이런 지역은 암석이 빨리 파괴되어 깨어진 모난 돌조각만 쌓여 있을 뿐 쓸 만한 수석감이 잘 나타나지 않는다. 육지가 항구처럼 안으로 들어가 있는 해안 만입부는 파도의 힘을 덜 받는다. 따라서 이러한 지역에는 순한 물결로 서서히 닳고 닳은 볼품 있는 돌들이 많다.

돌조각이 수석으로 손색이 없을 만큼 유연한 상태가 되려면 그 돌밭에 모래가 섞여 있어야 한다. 물살만으로는 돌 표면에 아주 미미한 정도의 마모가 이루어질 뿐이다. 주변의 모래가 물살을 받아 마찰을 일으키면서 마모가 부드럽게 이루어진다. 그것은 강에서도 마찬가지다.

해안에 따라서 잘생긴 수석을 모두 탐석한 다음에도 세월이 흐르면 조수의 변화에 따라 새로운 돌들이 쌓이기도 하고, 거꾸로 돌무더기가 뻘에 덮여 어느 사이에 사라지기도 한다.

산

산돌(산석(山石))은 산에서 발견되는 기이한 돌이다. 비가 쏟아질 때의 급류로 생긴 골을 살피면 기이한 돌들이 솟아 나와 있음을 보게 된다. 산사태가 난 곳을 보면 비쭉 솟은 야릇한 모양의 돌이 나타날 때가 있는데, 이런 것을 '토중석(土中石)'이라고 한다. 토중석은 평지에서도 나올 수 있다.

탐석에서 가장 수월하고 소득이 높은 곳이 강이라면 아주 험난한 곳은 산이다. 좀처럼 좋은 성과를 얻기가 어렵기는 하지만 한번 산지가 발견되면 특색 있는 수석감을 한꺼번에 많이 얻을 수 있는 행운을 만나기도 한다.

수석감이 나타나는 암층은 주로 변성암, 석회암, 퇴적암 같은 변화가 많은 암층이다. 이러한 암층이 땅속에서 땅 밖으로 노출되어 물과 비바람의 시달림을 받노라면 이윽고 아름다운 수석이 된다.

용암이 식으면서 기묘한 형상으로 굳은 뒤, 그 위에 흙이 덮이고 초목이 무성해진 곳에서 우연히 묘한 형상을 이룬 돌을 발견하는 경우도 가끔 있다. 이런 것이 다 토중석이다.

돌에는 강한 부분과 연한 부분이 함께 섞여 있기 때문에 물살과 풍우로 강한 부분은 잘 깎이지 않고 연한 부분은 쉽게 파여 굴곡을 이룬다. 뿐만 아니라 햇빛, 물살, 풍우, 기후의 변화에 따라 빛깔이 더 진해지기도 하고 연해지기도 하며 기기묘묘한 굴곡이 형성된다.

탐석의 현장에서

강이나 산, 바다를 무작정 헤맨다고 수석이 발견되는 것은 아니다. 세상에 흔한 것이 돌이지만 우리가 찾는 멋진 돌은 어느 한 지역에 모여 있기 마련이다. 그러므로 우선 수석 산지를 알아야 한다. 넓은 산과 들, 강과 바다에서 막연히 수석 산지를 찾다 보면 고생이 크므로 먼저 선배들의 도움을 받거나 기초적인 자료 조사를 해야 한다.

돌을 찾는 데는 육체적인 운동이 따르기 마련이고, 그와 함께 정신적인 피로도 따른다. 수없이 많은 돌을 하나하나 뒤질 수가 없다. 그래서 살펴본 곳을 되풀이해 찾아보고, 다음번 탐석행에서 다시 찾아가도 낯선 돌이 눈에 띈다. 한 번 탐석하고 나서 이제는 없을 것이라고 속단해서는 안 된다.

돌밭을 이리저리 다니며 겉으로만 대충 살피는 한가한 태도로는 좋은 수석을 만나기가 힘들다. 밭에서 김을 매듯이 조금만 이상하다 싶으면 남김없이 들춰 보고 열심히 파 보기도 해야 한다. 조금 솟아난 돌을 무심결에 파 보다가 이른바 석복(石福)을 만나는 경우가 얼마든지 있다. 부지런히 돌을 들추고 파헤쳐 볼수록 좋은 돌을 얻을 수 있는 확률이 높다.

밖으로 드러난 돌밭만 살필 것이 아니라 물속을 살펴야 하는 때도 있다. 물에 잠긴 수석감도 꽤 많기 때문이다. 물안경을 쓰고 물속을 살펴보거나, 자맥질하여 밑바닥에 있는 돌들을 훑어보면 가슴을 울렁거리게 하는 수석감이 곧잘 발견된다.

한편 탐석 과정에서 수석감 한 개를 발견했으면 그 돌을 나무 받침 위에 올려놓을 경우, 수반에 올려놓을 경우, 어느 각도로 놓였을 때의 장점 따위를 미리 따져 보는 습관을 길러야 한다.

또 비가 내릴 때 돌밭을 바라보면 돌의 빛깔이 모두 아름답게 보여 눈을 현혹시킨다. 이때 탐석한 돌은 그때는 한결같이 돋보이지만 물기가 다 마르고 나면 실망을 안겨 준다. 비를 맞은 돌을 볼 때는 물기 없는 상태를 가늠해 보고, 또 거꾸로 물기 없는 돌은 물이 묻었을 때의 상태를 가늠하여 탐석하면 빛깔을 제대로 판단할 수 있다.

집에 돌아갈 무렵에는 하루 동안 탐석한 것을 모두 모아 놓고 선별해야 한다. 어중간한 돌 여러 점보다는 알뜰한 돌 한 점이 더 소중하기 때문이다.

초보자들이 수석에 입문하여 여러 차례 탐석 경험을 가지고 수석 몇 점을 소장하고 나면 너무 자부심을 갖는 경향이 있다. 돌을 만졌다 하면 그 순간부터 수석에 대해서는 모두 아는 것처럼 허세를 부리기도 한다. 비록 오랜 경륜이 있다 하더라도 세월이 흐를수록 점점 더 겸손할 줄 아는 자세가 수석 취미의 기본이며, 그러한 마음가짐으로 돌을 찾을 때 훌륭한 돌과 만날 수 있을 것이다.

탐석해 온 돌의 뒤처리

탐석해 온 돌을 그냥 팽개쳐 두어서는 안 된다. 우선 어떤 돌을 가져왔는지 꼼꼼히 살펴보아야 한다. 석질, 돌갗(피부), 형태, 개성미, 감상 가치 따위를 신중히 검토한 다음 그 돌에 가장 알맞은 방법으로 돌을 청소해야 한다.

돌 청소의 첫 작업은 돌에 붙어 있는 잡물을 깨끗이 제거하는 일이다. 이 작업에는 수세미, 바늘과 송곳, 칫솔, 쇠 솔, 질긴 헝겊, 간단한 약물 들이 필요하다. 모래와 흙과 물때 속에서 오랫동안 나뒹굴던 돌이 처음부터 깨끗할 수는 없다. 본디 수석이 지닌 때깔과 자연미를 살려내어 돌에 묻은 잡물을 말끔히 청소하여 자연의 본 모습을 찾아야 할 것이다.

흙때 벗기기

먼저 따뜻한 물이나 연한 비눗물에 돌을 담가 두어 갖가지 잡물을 불린다. 하룻밤쯤 물에 불린 다음 돌에 손상이 가지 않도록 수세미나 칫솔로 때를 씻어 낸다. 매끄럽게 잘 닳은 돌은 닦기가 쉽지만 피부가 까칠까칠하거나 심한 굴곡과 구멍이 있는 것은 닦기가 까다로우므로 상하지 않도록 특히 조심해야 한다.

굴곡과 주름 사이에 끼어 있는 흙과 모래알은 송곳이나 바늘로 하나하나 파낸다. 쇠 솔로 성급하게 문지르면 표면이 손상되는 것은 물론이고 그 쇳물이 돌갗에 묻어 빛깔이 달라지는 수도 있다. 대체로 돌 표면이 산화되어 굳은 껍데기가 덮여 있다든지, 또 쇠붙이에 매우 강하여 아무 손상을 받지 않는 것이라면 쇠 솔을 이용해도 좋다.

질긴 헝겊은 피부의 때를 벗기는 데 뿐만 아니라 잡물을 모두 제거한 다음 돌의 표면을 문질러 고태가 나도록 하는 데도 유용하게 쓰인다. 이 때도 피부가 상하면 안 되므로 표면이 매끄러운 돌에만 주로 쓴다.

수석감을 탐석했으면 손에 들고 빛깔과 형태를 꼼꼼히 살펴보고 어떻게 연출할 것인지 미리 연구해 보는 것이 좋다.

때를 벗기지 않아야 오히려 멋을 풍기는 돌이 있는데, 이런 돌은 잡물이 별로 끼어 있지 않아야 한다. 잡물을 없앤다고 무조건 비눗물이나 양잿물에 빨래하듯 삶아내는 사람이 있는데, 물이끼가 잔뜩 붙어 있는 바다 돌이나 강돌은 우선 깨끗한 물에 담가 오래 불려서 씻어 내는 것이 가장 좋다. 그래도 안 되면 비눗물에 담가 불리고, 그다음으로 삶아내는 방법을 쓴다. 그러나 색의 변화와 표면의 손상이 뒤따른다면 피해야 한다.

약물 처리

돌의 때를 벗기기 위해 약물을 사용하는 일이 있다. 이것은 다른 여러 가지 방법으로도 불가능할 때 마지막으로 쓰는 방법이다.

굳이 약품 처리를 하려면 어떤 석질의 돌에는 어떤 종류의 약품을 사용해야 좋은지 실험을 해 보는 수밖에 없다. 약품을 잘못 사용하면 돌의 빛깔과 형태까지 망가지므로 정확한 실험이 필요하다.

약품을 안전하게 사용하려면 약물로 청소하려는 수석과 석질이 같은 돌을 따로 준비해서 시험해 보아야 한다. 하지만 종류가 비슷한 돌이라도 그 돌에 묻어 있는 흙때와 광물질의 종류가 각각 다를 경우가 있으므로 각별히 주의해야 한다.

또 같은 종류의 돌을 구할 수 없으면 바로 그 돌의 밑바닥이나 뒷면의 한 모서리에 약물 실험을 해 보도록 한다.

잡물을 제거하는 화공약품으로는 수산·염산·질산 따위가 있는데, 돌의 종류에 따라 각각 다른 화학 반응을 일으킨다. 거기다가 약품을 얼마만한 농도로 사용해야 하며 얼마만한 시간 동안 사용해야 하는지 함께 고려해야 한다. 약물 청소는 이미 나온 실험의 결과를 따르거나 실제 경험을 쌓는 것이 좋다. 단순히 때를 벗기는 한계를 벗어나 약품으로 자연석을 부식시켜 엉뚱한 형태를 만들어서 남의 눈을 속이는 행위는 절대로 안 된다. 약품을 사용하되 자연의 참모습을 다치지 않도록 조심해야 할 것이다.

기름칠하기

돌의 빛깔을 명료하게 돋보이도록 돌에 기름칠을 하기도 한다. 들기름, 왁스, 니스를 발라 광택을 내는 것이다. 기름칠을 해서 번들거리는 광택은 천박스러운 느낌을 주며, 자연 그대로의 고태의 멋을 맛보기가 어렵다.

그러나 색채가 영롱한 원석을 다듬고 연마해서 색깔과 무늬를 살린 꽃돌(화문석(花紋石)), 미석 계통은 그 호화로움을 강조하기 위하여 왁스 따위로 윤택을 내는 것이 효과적이다. 이런 기교는 정통 수석에서는 환영하지 않는다.

굳이 돌에 기름을 칠하고 싶으면 기름을 발랐다는 인공의 냄새가 풍기지 않도록 세심한 기교가 필요하다. 솜뭉치에 들기름을 진득하게 묻혀 페인트칠을 하듯 돌에 문질러 대는 장난은 삼가야 한다.

굳이 수석의 색조를 돋보이게 하려면 호두씨, 잣씨, 피마자씨 따위를 으깨어 돌에 얇게 문질러 준다. 그다음에 손이나 헝겊으로 계속 문지르면 마침내 은은하고 깊은 빛깔을 지닌 돌이 된다.

수석의 색조는 고태가 풍기면서 적정(寂靜)한 예스러운 맛을 나타내야 한다. 이런 맛을 돋우는 가장 좋은 방법은 손으로 돌을 쓰다듬는 것이다. 체온과 입김으로 오랜 세월 사람과 함께 벗하는 사이에 깊은 색조를 살려내게 되는 것이다. 이렇게 색조를 돋아나게 해야 할 것은 나무 받침에 놓일 돌들이다.

수반에 놓고 감상할 돌은 물을 축이면 빛깔이 살아나므로 색조를 강조하기 위한 별다른 방법을 쓰지 않아도 된다. 감상하고 싶을 때 물을 뿌리고 바라보면 된다.

돌을 탐석한 뒤의 처리는 여유를 가지고 기다리는 마음이 필요하다. 탐석해 온 돌을 어느 한곳에 모셔 놓고 틈틈이 바라보고 생각하고 만져 보는 긴 시간을 갖는 것이 바람직하다. 그러는 가운데 그 돌의 생명을 발견하게 되고, 불현듯 돌의 숨소리를 느끼게 된다. 그때 차분히 뒤처리를 시작해야 한다. 그렇게 함으로써 뛰어난 수석으로 돋보이게 된다.

수석의 연출과 감상

수석 산지에서 보기 좋은 수석감을 탐석했으면 이것에 창의적인 기교를 더해야 한다. 이를 '수석의 연출'이라고 한다.

수석을 수석답게 잘 진열하여 그 아름다움을 강조하려면 수반과 모래, 좌대, 물 그리고 감상품을 더 값지게 보이도록 화대나 화판 따위를 이용한다. 이러한 부대물들이 서로 결합하여 통일과 조화를 이루는 총체미의 구성이 요구된다.

수석의 연출은 크게 수반 연출과 좌대 연출로 나누는데, 여기서 한 차원을 높이면 배열 장식·분위기와 배경·조명·공간 구성 따위를 심도 있게 다루게 된다.

수석을 누리는 경지가 어느 정도인지는 수석을 연출하는 솜씨를 보면 대번에 나타난다. 연출의 효과를 충분히 나타내어 수석의 모습을 훌륭하게 살려내었을 때 참다운 애석의 길로 접어드는 것이다.

수석은 저마다 가지고 있는 특징에 따라 좌대 조각으로 받쳐야 할 것이 있고, 수반에 놓아 연출할 것이 있다. 그 밖에도 독특한 방법으로 연출의 묘미를 살려야 할 것이 있다. 그런데 무턱대고 좌대 받침만 한다든지 수반 연출에만 의존한다면 수석이 지닌 개성을 제대로 살리지 못하게 된다. 연출은 수석의 마무리이며, 이것이 없이는 수석의 높은 경지에 도달할 수 없다.

수반을 이용한 연출

수반에는 타원형과 직사각형을 기본으로 하여 여러 가지 모양으로 변형시킨 종류들이 많다.

수반은 자질이 좋아야 오랫동안 사용해도 망가지지 않는다. 또 기품이 있어야 하며, 전체적인 선의 흐름이 세련되어야 한다.

수반의 색은 대체로 중후하고 무게 있는 것이 좋으며, 밤색 계통이 가장 흔하게 쓰인다. 흰색 수반도 많이 이용하는데, 이것은 깨끗한 맛은 있지만 무게 있는 수석과 어울리지 않는다는 단점이 있다. 수반은 광대한 대지라는 상징적인 감각을 나타내어야 하며, 그러기 위해서는 가벼운 흰색보다는 점잖은 밤색 계통이 무난하다.

수반에 수석을 앉혀 놓은 다음 물을 적셔 주고 감상하면, 비가 쏟아진 뒤 산천초목이 선명하고 산뜻하게 살아난 것 같은 유쾌한 기분을 느끼게 된다. 물기를 머금은 수석은 그 빛깔이 뚜렷이 돋아나고, 치밀한 질감과 윤택함도 살아난다.

수반을 이용하는 돌은 주로 산수경석이다. 때로는 물과 인연이 있는 거북 같은 물형석을 수반에 놓아 별미를 나타내기도 한다.

수석을 수반에 놓을 때, 먼저 돌의 모양과 크기에 어울리는 수반을 선택한다. 대개 둥그스름하고 길쭉한 돌은 각수반으로, 네모와 비슷하게 퍼진 것은 타원형의 수반으로 받쳐 주면 무난하다.

그리고 돌의 높이에 따라 수반 운두의 높낮이를 정한다. 치솟은 입석류나 육중한 감이 있는 돌은 운두가 높은 수반에 얹는 것이 좋고, 옆으로 길게 뻗은 모양이나 돌 높이가 나지막한 것은 운두가 낮은 수반에 놓는 것이 보기가 좋다.

나지막한 돌을 운두가 높은 수반에 놓으면 울타리를 둘러친 듯하여 돌이 돋보이지 않는다. 그러나 돌의 밑부분이 불룩 튀어나와 불안정할 때는 운두가 높은 수반에 놓아 불룩한 밑면을 감추어 주어야 한다. 이런 몇 가지 보기를 들어 설명하였지만, 돌 모양이 모두 똑같지 않으므로 돌의 특색에 따라서, 또 각자의 안목과 취향에 따라서 돌에 알맞은 수반을 선택하면 된다.

수반에 돌을 놓을 때 모래를 깔아 놓기도 하고 모래 없이 맑은 물만 채워 놓기도 한다. 또 모래를 간 다음에 다시 물을 채워 놓기도 한다. 보통 수반에 모래를 깔아 주는 방법을 많이 쓰고 있다. 모래를 깔았을 때와 모래 없이 물만 채웠을 때의 경관은 아주 다르게 나타난다. 수반에 아무 모래나 마구 깔아 놓으면 수석이 천박하게 보이는 수가 있다. 잡것이 많이 섞인 모래는 수석의 분위기를 어지럽게 하므로 깨끗한 모래여야 한다. 너무 가는 모래나 콩알만하게 굵은 모래보다는 좁쌀알이나 녹두알만한 것이 좋다. 이 모래는 돌의 크기와 표면의 성질에 따라 그 알갱이의 굵기를 잘 선택해야 돌과 잘 어울린다.

또 모래의 빛깔에 따라서도 돌의 운치가 다르게 나타난다. 대개 모래의 빛깔은 아주 옅은 갈색이 무난하다. 그러나 돌과 수반의 빛깔에 가장 잘 어울리는 모래의 빛깔을 선택해야 하므로 때로는 흰 모래나 검은 모래, 짙은 갈색 모래를 사용해야 하는 경우도 이따금 생긴다.

한편, 부드러운 흙을 깔아서 그 위에 이끼를 양성하는 경우가 있다. 이끼는 되도록 작고 부드러운 것을 택해야 하며, 줌이 길고 엉성한 것은 어지럽게 보인다. 이렇듯 이끼를 키워야 할 수반은 바닥에 구멍이 뚫려 물 빠짐이 이루어져야 이끼가 생장을 지속할 수 있다.

돌의 한쪽 부분이 들뜬 것은 그 부분만 모래를 돋우어 덮어 주면 훨씬 보기가 좋다. 숨겨 주어야 할 곳은 모래를 돋우어 주고, 살아나야 좋을 부분은 모래를 좀 파내어 주면 변화가 생겨 썩 좋다. 수반 전체에 모래를 깔지 않고 돌이 놓인 주변에만 모래를 까는 경우도 있다. 모래를 활용하여 돌의 운치를 살리는 방법은 그것말고도 경우에 따라 여러 가지가 있다.

수반에 돌을 어떻게 놓느냐 하는 위치 선정도 퍽 중요한데, 돌의 형태와 그 풍기는 멋에 따라 자리 잡을 위치가 달라진다. 하나의 돌에도 어느쪽으로 뻗쳐 나가려는 부분과 머물려는 기운을 띤 부분이 있다. 또 위로 치솟기만 하려는 형태가 있는가 하면 앞으로 뛰쳐나오려는 기운을 품은 것이 있다. 이렇듯 전진하려는 기세가 있는 쪽에는 더 많은 여백을 두어야 한다. 한쪽에 산봉우리가 치솟았고 그 옆으로 능선이 밋밋하게 뻗어 내려갔다면, 이 능선이 뻗어 내린 쪽에 더 많은 공간을 남겨야 자연스럽다.

큰 돌을 작은 수반에 올려놓아 수반이 꽉 차면 돌의 품위가 떨어지고 보기에 답답하다. 동양화에서 볼 수 있는 시원스러운 여백처럼 수반에 넓은 공간의 여유가 있어야 좋다.

또 돌을 놓을 때 뒤쪽 공간보다 앞쪽 공간이 더 넓어야 좋다. 앞쪽에 탁 트인 여백이 있어야 더 광활한 기분이 들며, 원근감도 생긴다. 공간을 지나치게 많이 두어 돌이 한쪽으로 치우치면 불안정해지므로 위치를 적당히 잡는 것이 중요하다. 위로만 솟으려는 돌은 수반의 중심에 놓는 것이 자연스럽다.

그리고 수반에 놓는 돌은 물을 떠날 수가 없다. 수반에 모래를 깔아서 건조한 상태로 감상하는 경우가 있기는 하지만, 일반적으로 감상할 때마다 물을 뿜어 주어 빛깔이 뚜렷하게 나타나 생동감이 들도록 해야 한다. 물을 뿌리기 위해 수반을 쓰기 때문이다.

돌의 색감이나 질감이 좋지 않아서 그 돌에 보드라운 이끼를 입혀 운치를 높이려고 할 때는 수반을 이용하여 돌에 이끼를 양성한다. 꼭 이끼 키우기가 아니더라도 질과 색이 떨어지는 것은 물을 머금게 하여 그 결함을 어느 정도 감출 수 있다. 오랫동안 수반에 놓아두면 물때를 입는 따위의 양석 효과가 나타나 색감이 점점 짙어진다.

수반을 이용하는 수석 취미를 즐기지 않는다면 아직 수석의 높은 경지에 들어서지 못한 것이다.

좌대로 하는 연출

　나무 받침을 만들어 수석을 올려놓는 방법도 있다. 그런데 수반에 놓아야 잘 어울릴 돌을 좌대로 받쳐 수석미를 감소시키는 경우도 흔하다. 이것은 특히 주의를 해야 할 문제다.

　좌대 조각은 수석 가게에 의뢰하는 것이 편하기는 하겠지만 수석을 제대로 하려면 제 손으로 직접 조각하는 것이 바람직하다. 취미는 급하게 서두를 필요가 없으므로 여가가 있을 적마다 틈틈이 좋은 착상으로 제 솜씨를 발휘한다면 큰 보람이 될 것이다.

　좌대는 단순히 돌이 그냥 앉을 만하게 조각하는 것이 아니라 수석미를 돋보이게 하는 작품으로 만들어야 한다. 곧 수석과 조화가 이루어지도록 좌대의 조형미를 살려야 한다.

　물형석·무늬석·색채석·추상석 들은 대부분 좌대에 받쳐 놓는데, 때로는 산수석도 좌대에 올려놓는다.

　이 좌대는 무엇보다도 안정감이 있어야 한다. 돌의 크기에 견주어 좌대가 너무 작다거나 너무 얄팍하면 불안해 보인다. 돌의 형태, 크기, 높이, 중량감에 따라 알맞은 규격과 모양을 정해야 한다. 무늬석과 색채석은 다소 굴곡의 변화가 있게 기교를 부려 조각하고, 추상석은 추상의 특성이 강조되는 모양을 연구해야 한다.

　좌대를 조각할 때 주의할 점은 돌의 가장자리에 결함이 있으면 이를 감추기 위해 나무를 돋우어 주고, 좋은 가장자리를 살리려면 그 부분에 홈을 내려 파낸다. 곧 좋은 무늬가 밑부분에 박혀 있어 일직선으로 조각하면 그 무늬가 절반쯤 파묻힐 경우, 그 부분만을 더 파 내려가 무늬가 다

드러나도록 한다.

　때로는 따로 좌대를 만들 필요 없이 네모난 판자에 돌이 앉을 자리만 조금 파내어 안정시켜 놓는 방법도 있다. 돌의 밑면이 반듯하면 네모난 판자나 둥그스름한 괴목 판에 그냥 올려놓기도 한다.

　좌대 재료에는 흔히 값싸고 칼질이 쉬운 나왕목, 마티카, 피나무 따위가 쓰인다. 이 나무들은 물러서 갖가지 형태를 마음대로 조각할 수 있다는 장점이 있지만 실제로 좌대에 썩 좋은 재료는 아니다. 좌대로 좋은 나무는 단단하고 윤기가 나며 품격이 돋아나는 나무다. 건조된 후에 비틀리지 않고 터지지 않으며 부딪쳐서 흠집이 생기지 않아야 한다. 문지르면 윤택이 흐르고 결 무늬도 고와야 좋다.

　가장 좋은 재료는 대추나무·참죽나무·괴목 따위이며, 그다음으로는 벚나무·감나무·밤나무가 좋다. 이런 나무로 좌대를 만들어야 고급스러

돌의 중심부는 수려한 금강산의 경치를 닮았는데 양옆이 볼썽사납게 생겨 좌대 조각으로 감추었다. 충청북도 옥천에서 탐석했다.

워 보이고 수석도 더 돋보인다. 그러나 이런 나무들은 구하기가 쉽지 않고 값도 비싸며, 조각칼이 잘 먹히지 않는다.

여기서 권하고 싶은 나무는 향나무다. 값이 좀 비싸기는 해도 조각칼이 잘 먹히고, 빛깔과 무늬결이 썩 좋으며, 특유의 은은한 향기를 실내에 풍겨 준다. 뿐만 아니라 따로 칠을 할 필요 없이 기름만 먹이면 고아한 빛깔과 무늬결이 돋아나 품위 있게 보인다. 주목도 조각하기 쉬우며 빛깔이 썩 좋아 상찬할 만한데, 나뭇값이 비싸다.

좌대의 모양은 우선 소박하고 자연스러우며 품위가 있어야 한다. 너무 야단스럽게 꿈틀거리는 모양이나 요란한 무늬를 새겨 넣으면 돌의 운치가 감소된다.

좌대 조각이 끝나면 겉에 칠을 한다. 그 색조는 유치하거나 야하지 않고, 또 번쩍거리지 않는 무게와 점잖음이 있어야 한다. 대개 밤색 계통이 가장 무난하다. 반드시 돌의 빛깔 및 형태와 잘 조화가 되고 일체감이 생기도록 해야 할 것이다.

수석의 진열 환경

수석의 아름다움을 완벽하게 갖춘 돌은 드물다. 강과 바다에서 혹심한 시달림을 받으며 기묘한 형상을 이루는 동안 흠이 생기기 때문이다. 그러나 그 흠을 능가하고도 남을 만한 장점들을 가지고 있을 때 그 돌은 좋은 돌로 뽑히게 된다.

우리는 그 당연한 흠을 될 수 있는 대로 줄이고 보완하기 위해 여러 가지 연출의 묘기를 부리게 되며, 아울러 진열에도 신경을 쓰게 된다.

비록 단점을 많이 가지고 있더라도 그것을 진열하는 방법에 따라 단점을 충분히 숨길 수 있는 돌이라면 역시 좋은 수석감으로 일컫게 된다.

남이 쓸모없다고 버린 돌이 나중에 다른 사람의 손에 들어가 좋은 돌로 호평받는 것도 이런 까닭에서다.

아무리 뛰어난 수석이라도 놓인 장소가 적당하지 않으면 생명력을 가지기가 어렵다. 수반과 좌대의 연출이 아무리 뛰어나더라도 알맞은 환경에 놓여 있지 않으면 생명을 잃는다. 그러므로 수석의 진열은 연출의 마지막 마무리다.

가장 보기 좋은 자리는 수반이나 좌대로 받친 돌을 45도쯤 경사진 각도로 비스듬히 내려다볼 수 있는 높이다.

돌의 장점이 더 강렬하게 나타나도록 하려면 어느 정도의 눈높이에 놓아야 하는가를 늘 유의해야 한다. 납작한 평원석, 단층석 따위는 눈높이와 거의 같은 위치에 놓아야 실감이 난다. 고승(高僧)이나 명인(名人)의 자태가 숭고하게 나타난 물형석은 눈길보다 좀 높은 위치에 놓아야 우러러보는 존엄성이 강조된다. 무늬와 색채가 영롱한 돌은 정면에서 감상해야 진면목을 알 수 있다. 산봉우리가 우람하게 솟은 산수석을 눈높이보다 더 높게 놓으면 전혀 감상할 수 없다. 그런가 하면 어느 쪽에서 보아도 변화가 있고 감칠맛이 나는 돌이 있다. 이런 돌은 어느 쪽에서 보든지 그 변화의 아름다움을 마음껏 감상할 수 있는 위치에 놓아야 한다.

수석은 늘 적당한 거리를 두고 감상해야 한다. 멀리서 보아야 웅장하고 가까이에서 보면 경치가 협소해 보이는 것이 있다. 이 돌과의 거리는 높이와도 관계가 있다. 가까이 다가갈수록 높은 데서 내려다보는 격이 되고, 멀리 떨어질수록 거의 수평에 가까운 높이로 보게 된다.

그런데 멀리서 보면 맛이 없고 가까이에서 보아야 훌륭해 보이는 돌이 있다. 피부와 주름의 변화미, 또 조그마한 돌출부의 형상은 가깝게 바라보아야만 감흥을 받을 수 있다. 거리에 따라서 대수롭지 않게 보이기도 하고 훨씬 더 멋지게 보이기도 하며, 각각 색다른 느낌이 든다. 그래서 수석을 감상할 때에 앞으로 천천히 다가가면서 음미하다가 뒤로 천천히 물러나면서 감상하면 여러 새로운 맛을 느낄 수 있다.

수석은 빛이 비치는 음양 관계에 따라 그 정취가 크게 달라진다. 대체로 한쪽은 빛이 환히 들어오게 하고 다른 쪽은 좀 그늘지게 하면 돌이 돋보인다. 그러므로 뜰에서는 태양이 비치는 방향, 실내에서는 창문이 있는 쪽을 살펴서 자연 조명이 잘 되는 장소를 찾아야 한다. 전등의 조명 방향도 염두에 두어야 한다.

굴곡과 주름이 많은 돌은 밝음과 어두움이 강하게 이루어지게 하여 힘찬 약동을 강조한다. 미끈한 돌은 음양이 부드럽게 이루어지도록 하고, 산수석에서 벼랑이 이루어진 곳은 어둡게 함으로써 그 낭떠러지를 더 까마득하게 보여 줄 수 있다. 깊은 구렁은 어둡게 하여 신비하게 보이도록 한다. 돌을 놓은 뒤 벽면이 흰색이면 그 흰색이 발산하는 빛으로 은은한 조명 효과가 나타나기도 한다.

마지막으로 돌을 놓는 자리의 공간 처리가 잘 되어야 한다. 뒤 벽면과 너무 딱 붙게 놓는다든지 돌과 돌 사이의 공간이 비좁다든지 하면 각각의 돌들이 독립성을 가지지 못한다. 돌의 주변에 여유가 있어야 그 돌만의 독립성을 가질 수 있다. 빽빽하게 진열된 돌은 그저 쟁여 놓은 돌 창고에 지나지 않아 전혀 감상할 수가 없다.

또 수석 옆에 바로 라디오나 전화, 화장품 따위가 있으면 돌과 서로 어울리지 않는다.

즐거운 감상의 세계

애석 생활을 오래 하다 보면 수석과 대화도 나눈다고 한다. 수석과의 대화는 바로 수석 감상의 정도를 나타낸다. 수석 감상은 맨 처음 수석의 관찰로부터 시작된다. 돌과 빛깔, 질감과 굴곡, 주름의 자태, 전체의 모양이 어떤 생김새로 이루어져 있는지 요모조모 살핀다.

　수석 한 개를 처음 만났을 때의 관찰, 이것이 감상의 시초다. 이 시간이 몇 날 몇 달을 두고 오래 흐르다 보면 수석과의 대화가 저절로 이루어진다.

　수석과의 대화가 본격적으로 시작되면 그 수석의 아쉬운 결함이 떠오르지 않으며, 그 수석을 향한 욕심도 일어나지 않는다. 마치 수석을 품속에 감싸 안은 듯한 경지에 이른다. 더 나아가 그 수석 자체에 마음이 빨려 들어간 듯한 기분을 느끼게 된다. 이러한 경지에 들어가면 수석이 내게 말을 걸어오고, 내가 수석에게 말을 걸게 되는 것이다. 좋은 수석을 얻고 나서 몇 날 밤을 이불 속에 품고 잤다는 옛 기록을 볼 수 있다. 이는 수석의 삼매경에 빠졌기 때문이며, 그것과 대화가 이루어졌기 때문이다.

　수석이 내게 말을 걸어올 때, 이 언어의 내용은 무엇일까? 돌의 목소리는 전혀 들려 오지 않는데 형용하기 어려운 생명감이 가슴에 와 닿는다. 그리고 저도 모르게 안락한 위안을 받으며 흥취를 느낀다. 수석을 바라보며 위안을 받고 흥취를 느낀다는 것 자체가 수석이 나에게 건네주는 말인 것이다.

　수석은 움직이지 않으며 감각이 없지만, 상상의 나래 속에 수석이 춤추고 있는 모습으로 떠올릴 때 그 수석은 몸짓으로 감흥을 주는 듯하다. 꽃무늬가 새겨 있는 수석에서 그윽한 꽃향기를 맡고 있다고 생각할 때, 그 향기가 바로 수석이 들려 주는 언어다.

　하나의 산수석을 바라보고 있다고 하자. 산봉우리가 비죽비죽 솟은 험산의 무수한 골짜기, 계류와 폭포, 구렁과 벼랑, 숱한 바위들. 수석을 실제의 자연물로 느끼기 시작할 때, 다시 말하면 주먹만한 돌이지만 실지의 설악산과 같은 영상을 떠올릴 때 비로소 그 산수미에 깊이 파묻혀서 노니는 기분에 잠기게 된다. 그리하여 골짜기를 타고 벼랑을 오르다가 맑은 계류에서 목욕을 한다. '이것이 바로 신선들만이 노닐던 심산유

곡이로구나.', '저 노송의 운치와 신기한 꽃들.' 말 없는 가운데 떠오르는 이러한 생각들이 내가 수석에게 보내는 언어가 된다. 기도하는 모습의 물형석을 바라보면서 나의 영혼을 위해 기도해 주는 것 같은 느낌을 받고, 웅크리고 앉아 고통스러워하는 듯한 물형석을 바라보면서 내가 지닌 번뇌를 깨우치며 가슴 아파한다. 이러한 상념이 바로 수석에게 보내는 나의 언어가 된다. 그와 함께 수석이 나에게 건네는 언어이기도 하다.

수석과의 대화란, 미적 체험을 통한 상상의 세계에서 가능한 것이다. 상상의 날개를 펼칠 줄 모르는 수석 감상은 있을 수 없다. 아름다운 상상은 정서에서 비롯된다. 꿀과 같은, 우유와 같은 정서를 가질수록 상상의 세계는 깊어지고 아름다워진다.

요새 사람들은 정서가 메말라 있어서 상상의 세계를 마음껏 떠다니지 못한다. 마음속에 단비가 축축이 내리고 있을 때 상상은 아름답게 펼쳐진다. 가뭄에 곡식이 자라지 못하듯, 마음속에 가뭄이 들어 있으면 수석 감상이 이루어지지 않는다.

적어도 수석을 바라보는 순간만은 이해타산에만 얽매이던 조바심과 남을 미워하는 마음, 또 탐욕에 빠져 있는 마음을 잠시 잊어야 한다. 그러고 나면 스스로의 정서가 안정된다. 정서가 안정되면 안온함을 느낀다. 이 고요해져 가는 마음속에서 이윽고 자유로운 상상의 날개가 힘차게 펄럭거리기 시작한다.

어느 애석인은 산수석을 바라보면서 새가 지저귀는 소리를 직접 듣는다고 한다. 또 예쁜 나비가 수풀 위를 날아가는 모습을 훤히 구경한다고 한다.

우리나라의 수석 산지

　한반도의 남한 땅에서 수석이 나오는 곳은 100군데쯤 된다. 특히 충청북도, 경상남도, 경상북도 지역과 다도해 지역에 수석 산지가 많이 흩어져 있다. 60년대 말에 우리나라에서 현대적인 수석이 시작되어 70년대에 들어와서는 수석이 저변으로 확대되어 열풍을 일으키다가 80년대에는 애석의 기둥이 어지럽게 흩어지는 양상이 나타나고 있다. 뿐만 아니라 무지한 탐석가들로 인해 수석 탐석이 자연 훼손이라는 지탄까지 받게 되었다. 그러는 가운데 수석 산지는 고갈 상태에 이르렀다.

　게다가 수석인들의 고향이라 할 광활한 돌밭이 널린 남한강 상류와 금강 상류는 충주댐과 대청댐의 건설로 거의 물속에 잠겼다. 따라서 지금까지 수석 산지로 널리 알려진 지역은 전처럼 수석감이 잘 나타나지는 않지만 그래도 우선은 잘 알려진 곳을 찾아야 탐석의 성과가 있다. 그렇다고 이름이 알려진 수석 산지만을 고집할 것이 아니라 그 주변을 살펴보는 것도 좋은 방법이다. 또 이미 알려진 수석 산지를 벗어나서 강가, 바닷가의 돌밭을 두루 살펴보면 의외로 행운을 만날 수가 있다.

　문득 어떤 돌밭을 만났을 때 돌밭이 온통 허연 빛깔로 뒤덮여 있으면 신통치 않은 것으로 판단하는 것이 상식이다. 그러나 그런 반갑지 않은 돌밭이라도 무늬석 따위가 나타날 가능성이 있으므로 한 번쯤은 자세히 살펴볼 일이다. 보기를 들면 경기도 가평군 일대 강천의 돌밭은 허연색으로 이루어졌지만 노력을 기울이면 감상할 만한 무늬석이 가끔 나타난다. 가장 확률이 높은 돌밭은 검은 돌을 비롯하여 어떤 색채를 띤 돌들이 많이 섞여 있는 곳인데, 금방 깨진 돌멩이들로 가득 쌓여 있으면 미련을 두지 말아야 한다. 남해안 다도해의 수많은 섬 가운데 아직 개척되지 않은 수석 산지가 많이 있으며, 때로는 미답지의 작은 개천에서 수석감이 나타나기도 하므로 실망할 필요는 없다.

현대 수석의 열풍으로 소문난 산지는 고갈 상태에 이르렀으므로 구체적인 약도는 생략하고 대략적인 분포 지역만 별도의 그림으로 표시했다. 이미 이야기했듯이 그 산지의 분포 지역을 중심으로 그 주변의 돌밭을 살피면 좋은 성과를 올릴 수 있다. 자세한 지명과 약도를 어렴풋이 짐작하고 탐석을 나설 때 더 낭만적인 탐석 여행이 되며, 심곡산천(深谷山川)을 두루 구경하는 가운데 문득 수석감을 만나면 그 기쁨은 더 크다.

여기서 유의해야 할 것은 수석의 기본 틀이 되는 범주에 너무 얽매이지 말고 스스로의 심미안으로 아름다움을 느낄 수 있다면 그것도 훌륭한 수석감이 될 수 있다는 것이다. 일반적으로 아름답다고 하는 고정 관념을 벗어나 무한한 추상성을 추구하다 보면 마침내 차원 높은 수석의 경지에 들어서게 될 것이다.

별도의 그림으로 표시한 수석 산지는 주로 강을 끼고 있는 돌밭이다. 해안에 접한 산지는 바닷가의 돌밭과 주변의 섬들을 가리킨다. 제석산·지리산·고성 파계사 같은 곳은 토중석 산지이며, 지금은 지난날의 자연 훼손으로 출입하기가 어려워졌다.

제주도의 해안선을 따라 돌밭이 전개된 곳은 모두 수석의 보고며, 아직도 성과가 있으므로 관광 여행을 겸해 탐석해 볼 만하다.

현재 수석의 보고(寶庫)는 북한 땅에 고스란히 남아 있으므로 남북통일이 되는 날 숱한 명석(名石)들이 쏟아져 나올 것으로 기대하고 있다. 북한 지역의 지질 분포와 수석을 형성할 만한 조건들을 두루 살펴본 결과 가능성이 아주 높아 수석인들에게 희망을 주고 있다.

욕심껏 탐석하려는 생각을 없애고 하루 탐석에서 한 덩어리의 수석감만을 찾고자 마음먹는다면 어느 돌밭에서든지 훌륭한 수석을 찾아낼 수 있음을 깨달아야 한다.

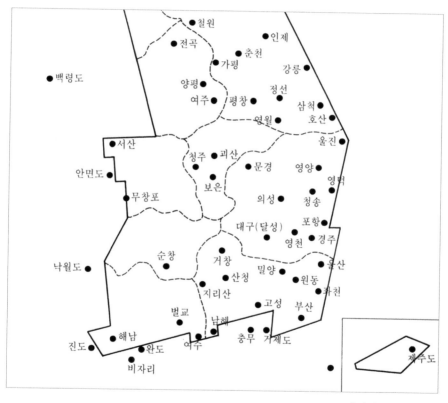

우리나라의 수석 산지

빛깔있는 책들 203-6

수 석

초판 1쇄 발행 ㅣ 1989년 05월 15일
초판 8쇄 발행 ㅣ 2023년 11월 10일

글·사진 ㅣ 장준근

발행인 ㅣ 김남석
발행처 ㅣ ㈜대원사
주   소 ㅣ 06342 서울시 강남구 개포로 140길 32, B1
전   화 ㅣ (02)757-6711, 6717
팩시밀리 ㅣ (02)775-8043
등록번호 ㅣ 제3-191호
홈페이지 ㅣ http://www.daewonsa.co.kr

값 13,000원

ISBN ㅣ 978-89-369-0072-4
      978-89-369-0000-7 (세트)

빛깔있는 책들

민속(분류번호:101)

고미술(분류번호:102)

불교 문화(분류번호:103)

음식 일반(분류번호:201)